RÉPUBLIQUE FRANÇAISE

MINISTÈRE DE LA GUERRE

INSTRUCTION

RELATIVE AUX

CAUTIONNEMENTS

DES

SOUMISSIONNAIRES ET ADJUDICATAIRES

DE

Fournitures et Entreprises pour le compte du Ministère de la guerre

PARIS

E. BELLAMY

Éditeur militaire

Rue Réaumur, Nᵒ 115

1902

INSTRUCTION

RELATIVE AUX

CAUTIONNEMENTS

DES

SOUMISSIONNAIRES ET ADJUDICATAIRES

DE

Fournitures et Entreprises pour le compte du Ministère de la guerre

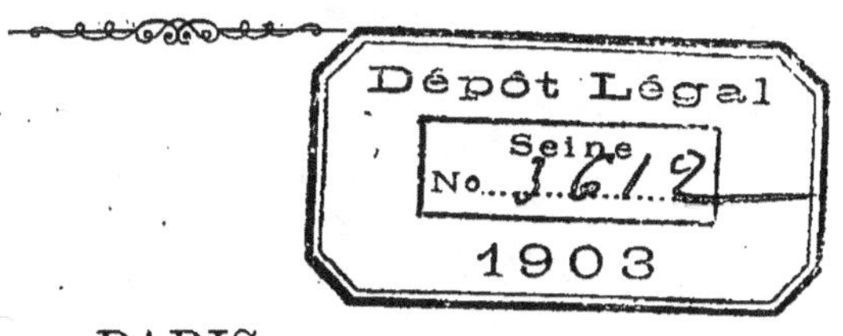

PARIS

E. BELLAMY

Éditeur militaire

Rue Réaumur, N° 115

1902

INSTRUCTION

*Relative aux cautionnements des soumissionnaires et adjudi-
cataires de fournitures et entreprises pour le compte du
ministère de la guerre.*

Paris, le 31 Mai 1895.

1º Dispositions communes aux cautionnements définitifs et aux cautionnements provisoires.

Versement des cautionnements provisoires ou définitifs
à la Caisse des Dépôts.

Art. 1ᵉʳ. Les cautionnements exigés par les cahiers des charges, soit des soumissionnaires pour être admis aux adjudications, soit des adjudicataires pour répondre de leurs engagements, doivent être versés à la Caisse de Dépôts et Consignations, à Paris, entre les mains du caissier général, et, dans les départements, entre celles des préposés de la Caisse des Dépôts, savoir : des trésoriers-payeurs généraux, des receveurs particuliers ou des percepteurs dans les chefs-lieux d'arrondissement dont les recettes particulières ont été provisoirement supprimées ; en Algérie entre les mains des trésoriers-payeurs et des payeurs particuliers. (Décret du 18 novembre 1882, article 7.)

Avis des adjudications donné à la Caisse des Dépôts.

Art. 2. Pour tous les marchés qui sont passés par adjudication, un exemplaire de l'affiche annonçant l'adjudication, qu'elle doive avoir lieu à Paris ou dans toute autre localité du territoire continental de la France, est adressée par le ministère de la guerre au Directeur général de la Caisse des Dépôts et Consignations.

Un exemplaire de l'affiche est en outre adressé, lorsque l'adjudication est passée ailleurs qu'à Paris, au trésorier-payeur général du département ou au préposé de la caisse (receveur des finances ou percepteurs) résidant au chef-lieu de l'arrrondissement dans lequel a lieu l'adjudication. Cet envoi est fait par le chef du service.

Si le cautionnement provisoire est déposé dans un arrondissement autre que celui où aura lieu l'adjudication, le soumissionnaire devra représenter au préposé de la Caisse un extrait du cahier des charges ou un exemplaire de l'affiche.

Dans le cas où les pièces susdites n'auraient pas été transmises ou ne seraient pas produites, les cautionnements provisoires pourraient être reçus, mais les indications relatives au cautionnement et à son objet ne seraient insérées qu'aux risques et périls des déposants et conformément à la déclaration par eux souscrite.

Détermination de l'importance des cautionnements.

Art. 3. Les cahiers des charges déterminent l'importance des garanties pécuniaires à produire par les soumissionnaires à titre de cautionnements provisoires et par les adjudicataires à titre de cautionnements définitifs. (Décret du 18 novembre 1882, article 4.)

Nature des cautionnements.

Art. 4. Ces garanties pécuniaires peuvent consister, au choix des soumissionnaires et adjudicataires :

1º En numéraire ;

2º En rentes sur l'État et valeurs du Trésor au porteur ;

3º En rentes sur l'État nominatives (directes ou départementales) ou mixtes.

Les valeurs du Trésor, transmissibles par voie d'endossement, endossées en blanc, sont considérées comme valeurs au porteur.

Après la réalisation du cautionnement, aucun changement ne peut être apporté à sa composition, sauf le cas où les rentes et valeurs auraient donné lieu à un remboursement par le Trésor. La somme appelée au remboursement est alors encaissée par la Caisse des Dépôts et demeure affectée au cautionnement jusqu'à due concurrence, à moins que le cautionnement ne soit reconstitué en valeurs semblables.

Mode de calcul de la valeur des rentes et titres afférents aux cautionnements.

Art. 5. La valeur en capital des rentes à affecter aux cautionnement est calculée, pour les cautionnements provisoires, au cours moyen du jour de la veille du dépôt, pour les cautionnements définitifs, au cours moyen du jour de l'approbation de l'adjudication. Les bons du Trésor à l'échéance d'un an ou de moins d'un an sont acceptés pour le montant de leur valeur en capital et intérêts.

Les autres valeurs du Trésor, déposées pour cautionnements, sont calculées d'après le dernier cours publié au *Journal officiel*. (Décret du 18 novembre 1882, article 6.)

Déclarations de consignations. Récépissés.

Art. 6. Le déposant souscrit une déclaration sur papier libre. Il lui est délivré un récépissé de versement timbré à 0 fr. 25. Ce récépissé forme titre envers la Caisse des Dépôts et Consignations à la charge par les parties versantes de le faire viser et séparer de son talon, à Paris, immédiatement par les agents du contrôle, et dans les départements et l'Algérie, dans les vingt-quatre heures de la date, par les préfets, sous-préfets ou autres agents ayant mission à cet effet. (Loi du 24 avril 1833, articles 1er et 7.)

Affectation des rentes nominatives ou mixtes ou des titres au porteur.

Art. 7. Lorsque le cautionnement consiste en rente nominative ou mixte, le titulaire de l'inscription doit, indépendamment de la déclaration visée à l'article précédent, souscrire, sur papier timbré, un acte fait en double original, contenant déclaration d'affectation de la rente et donnant à la Caisse des Dépôts et Consignations un pouvoir irrévocable de l'aliéner s'il y a lieu. (Décret du 18 novembre 1882, article 8.) (Modèles nos 1 et 2.)

Un des originaux de l'acte est remis au déposant. Au cas où le titulaire de la rente ne peut signer lui-même l'acte d'affectation, il constitue un mandataire à cet effet au moyen d'une procuration conforme au modèle annexé no 3.

La procuration est donnée par acte notarié, si le titre représente une valeur de plus de 50 francs de rente ; dans le cas contraire, la procuration peut être notariée en simple brevet ou même sous seing privé ; la signature du mandant doit, dans ce dernier cas, être légalisée par le maire et le préfet ou le sous-préfet.

Si le cautionnement est en rente ou en valeurs au porteur, la rédaction d'un acte d'affectation n'est pas nécessaire, il suffit que le déposant, dans la déclaration par lui souscrite, indique que le cautionnement pourra être saisi dans les conditions fixées au cahier des charges et autorise à cet effet la Caisse des Dépôts et Consignations à le réaliser le cas échéant.

Mention de cette partie de la déclaration est insérée au récépissé.

Bailleurs de fonds. — Privilèges de 2ᵉ ordre.

Art. 8. Les tiers qui fournissent les fonds ou les valeurs d'un cautionnement font constater leurs droits dans les déclarations de consignation. Le récépissé remis au déposant désigne du reste le propriétaire des deniers ou valeurs déposés. Il n'est, en aucun cas, délivré de certificats de privilège de 2ᵉ ordre.

A défaut de mention dans la déclaration de consignation, les tiers qui ont fourni le cautionnement ne peuvent conserver leurs droits que si un acte contenant cession ou déclaration de propriété de numéraire ou des titres est signifié par voie extra-judiciaire au directeur général, lorsque le cautionnement a été consigné à Paris, ou au préposé de la Caisse qui a reçu le cautionnement.

2° Règles particulières aux cautionnements provisoires.

Remise à l'administration de la guerre des récépissés de cautionnements provisoires et de l'acte d'affectation.

Art. 9. Les concurrents aux adjudications joignent à leurs actes de soumission les récépissés qui leur ont été délivrés et, s'il y a lieu, un des doubles de l'acte d'affectation des rentes nominatives ou mixtes déposées en garantie.

Conservation des cautionnements provisoires.

Art. 10. Les cautionnements provisoires en numéraire ne produisent pas d'intérêts au profit des déposants. Quant à ceux qui sont constitués en rentes ou valeurs, la Caisse des Dépôts ne se charge pas de l'encaissement de leurs arrérages ou intérêts.

Restitution des cautionnements provisoires aux soumissionnaires non déclarés adjudicataires.

Art. 11. Les cautionnements provisoires sont rendus aux soumissionnaires qui ne sont pas devenus adjudicataires sur la présentation qu'ils font, au lieu où le versement a été opéré, du récépissé de dépôt, portant une mention par laquelle le fonctionnaire chargé de l'adjudication fait connaître que le soumissionnaire n'a pas été déclaré adjudicataire.

A défaut de cette mention, la restitution ne peut être opérée qu'autant que la direction générale de la Caisse où le comptable qui a reçu le cautionnement auront été avisés officiellement des résultats de l'adjudication. ⸱

La restitution des cautionnements en numéraire a lieu immédiatement après la présentation du récépissé ; celles des titres et valeurs dans les quatre jours de cette présentation.

Si les titres et valeurs ne sont pas réclamés dans les vingt jours qui suivent l'adjudication définitive, ils font l'objet d'une consignation et, dans ce cas, le délai de restitution peut être porté à dix jours (délai de remboursement des consignations en valeurs).

Restitution des cautionnements provisoires lorsque l'adjudicataire constitue
un cautionnement définitif distinct.

Art. 12 Si l'adjudicataire n'emploie pas le cautionnement provisoire à la constitution du cautionnement définif, soit parce qu'il désire modifier la nature des garanties offertes, soit parce qu'il préfère changer le lieu du dépôt, soit enfin parce que le cautionnement définitif est fourni par un nouveau bailleur de fonds, le cautionnement provisoire ne peut être remboursé qu'après présentation du récépissé constatant la réalisation du cautionnement définitif.

Attribution à l'État des cautionnements provisoires lorsque l'adjudicataire
ne réalise pas son cautionnement définitif.

Art. 13. Les cautionnements provisoires des soumissionnaires qui, déclarés adjudicataires, n'ont pas réalisé leurs cautionnements définitifs dans les délais fixés par les cahiers des charges peuvent être acquis à l'Etat, sur les poursuites et diligences de l'agent judiciaire du Trésor public, lorsque le Ministre de la guerre a pris, à cet effet, une décision passée en force de chose jugée. (Décret du 18 novembre 1882, art. 11 et 12.)

3º Règles particulières aux cautionnements définitifs.

Constitution du cautionnement définitif. Conversion du cautionnement
provisoire.

Art. 14. Les soumissionnaires déclarés adjudicataires peuvent constituer un cautionnement définitif dinstinct ou le réaliser par la conversion de leur cautionnement provisoire. Dans ce cas, si la garantie exigée à titre de cautionnement définitif est supérieure à celle qui formait le cautionnement provisoire, le complément nécessaire en numéraire ou en valeurs doit être versé pour permettre la délivrance d'un nouveau récépissé.

Si, au contraire, la garantie définitive est inférieure à celle de la soumission, la Caisse des Dépôts rembourse la différence et s'en fait donner quittance avant de délivrer le récépissé définitif.

Nécessité d'opérer la conversion sans retard.

Art. 15. La Caisse des Dépôts et Consignations n'allouant d'intérêts qu'à partir du soixante et unième jour qui suit la réalisation du cautionnement définitif en numéraire (voir article 18), les adjudicataires apprécieront combien il est essentiel pour eux d'opérer sans retard la conversion de leurs cautionnements provisoires en cautionnements définitifs.

Nouvelles déclarations, nouvel acte d'affectation, et nouveau récépissé en cas de conversion d'un cautionnement provisoire en cautionnement définitif.

Art. 16. Lorsque le cautionnement définitif est constitué au moyen de la conversion du cautionnement provisoire, l'adjudicataire doit souscrire une nouvelle déclaration de consignation et en outre, s'il s'agit de rentes nominatives ou mixtes, un acte d'affectation spécialement applicable à la garantie de l'exécution de l'adjudication.

Il est délivré d'ailleurs au déposant un nouveau récépissé soumis au visa du contrôle.

Déclarations de versement.

Art. 17. Des déclarations de versement sont délivrées sur leur demande aux personnes qui constituent des cautionnements définitifs. Ces déclarations sont timbrées à 60 centimes; elles tiennent lieu de titre aux déposants dans les cas où l'administration de la guerre exige la remise du récépissé et peuvent aussi servir à constater le payement des arrérages.

Intérêts des cautionnements définitifs en numéraire.

Art. 18. La Caisse des Dépôts alloue aux cautionnements définitifs qui lui sont versés en numéraire les intérêts que, d'après la loi, elle doit servir aux sommes consignées.

Ces intérêts sont actuellement calculés à raison de 2 p. 100 par année, à compter du soixante et unième jour à partir de la date de la consignation jusques et non compris celui du remboursement. (Lois du 28 nivôse an XIII, art. 2, et du 27 juillet 1893, art. 60.)

Les intérêts réglés au 31 décembre de l'année précédente

sont payés chaque année aux titulaires ou bailleurs des fonds des cautionnements dans les dix jours qui suivent la réception par la direction générale ou ses préposés d'une demande y relative.

Aucune portion d'intérêts échue au cours de l'année ne peut être mise en payement qu'en cas de remboursement intégral du cautionnement.

Les intérêts des cautionnements tombant sous l'application de l'article 2277 du Code civil, aux termes duquel les intérêts et tout ce qui est payable par année se prescrivent par cinq ans, il n'est, en conséquence, tenu compte aux ayants droit que des intérêts dus pour les cinq dernières années échues au 31 décembre précédent et des intérêts afférents à l'année courante, s'il s'agit d'un rembourssment intégral.

Cautionnements définitifs en rentes ou en valeurs. — Payement des arrérages.

Art. 19. La Caisse des Dépôts encaisse aux échéances les arrérages des rentes et valeurs du Trésor déposées à titre de cautionnements définitifs. Elle les tient à la disposition des déposants ou de leurs bailleurs de fonds à partir du cinquième jour qui suit celui de l'échéance.

Les payements sont effectués sans demande préalable, sur la présentation de la déclaration de versement au dos duquel ils sont inscrits.

Cautionnements en rentes ou valeurs. Droit de garde.

Art. 20. La Caisse des Dépôts perçoit sur les valeurs consignées à titre de cautionnements définitifs d'adjudicataires un droit de garde dont la quotité est, pour chaque année, de 5 centimes p. 100 de la valeur du titre consigné.

La valeur servant à établir le droit de garde est déterminée par le cours moyen coté à la Bourse de Paris la veille du jour du dépôt. Le montant du droit pour la première année est perçu au moment du dépôt, il est, à partir de la deuxième année, liquidé par trimestre et recouvré en déduction des arrérages; il doit, dans ce cas, être toujours perçu par cinq centimes ou multiple de cinq centimes.

Remboursements des cautionnements définitifs.

Art. 21. 1° *Autorisations de remboursements et justifications de qualités.* — Les cautionnements définitifs ne peuvent être restitués, en totalité ou en partie, qu'en vertu d'une mainlevée donnée par le Ministre (1).

---

(1) La mainlevée ne peut être donnée qu'autant que l'entrepreneur ou fournisseur a été reconnu quitte et libéré de toutes les obligations qui lui étaient imposées, et qu'il s'est écoulé six mois depuis la cessation de son service. (Décret du 12 décembre 1806.)

Ces mainlevées sont envoyées directement à la direction générale de la Caisse des Dépôts ou au comptable qui a reçu le cautionnement.

La personne au nom de laquelle les fonds ou les valeurs constituant le cautionnement ont été versés adresse à la direction générale ou au comptable qui a reçu le cautionnement une demande de retrait sur papier timbré et y joint le récépissé et, s'il y a lieu, la déclaration au moyen de laquelle étaient touchés les arrérages du cautionnement.

Indépendamment des pièces ci-dessus indiquées, les demandeurs doivent fournir toutes les pièces nécessaires pour établir leurs qualités, telles qu'actes de société, certificats de propriété, mainlevées ou concours de créanciers ayant formé des oppositions régulières.

Les fonds ou les valeurs sont remis, si la mainlevée a d'ailleurs été transmise par qui de droit, dans les dix jours de la réception de la demande, avec pièces à l'appui s'il y a lieu, soit à la partie intéressée, soit à son fondé de pouvoirs. Les procurations peuvent être sous seing privé, mais elles doivent être revêtues de la légalisation de la signature du mandant par le maire, et de la signature du maire par le préfet ou le sous-préfet.

2° *Lieu de remboursement.*— La remise des fonds ou valeurs est effectuée en principe à la caisse à laquelle avait été reçu le cautionnement. Cependant, sur la demande expresse des ayants droit, cette remise peut être faite à une autre caisse, mais la demande et les pièces justificatives doivent toujours être adressées au lieu de versement du cautionnement.

Saisie des cautionnements définitifs.

Art. 22. L'application des cautionnements définitifs à l'extinction des débets, liquidés par le Ministre de la guerre, a lieu aux poursuites et dilligences de l'agent judiciaire du Trésor public, en vertu d'une contrainte délivrée par le Ministre des finances. (Décret du 18 novembre 1882, art. 11.)

En cas de saisie de la totalité du cautionnement ou d'une fraction telle que la moitié, le quart, le tiers, etc., les intérêts afférents à l'intégralité ou à la fraction saisie et dus à partir de la date de la décision attributive sont acquis au Trésor, les intérêts antérieurs restent dus au titulaire du cautionnement ou à son bailleur de fonds. (Décisions du Ministre des finances des 17 septembre 1851 et 5 mai 1881.)

Il en est autrement dans le cas de saisie d'une somme fixe, prélévée sur le cautionnement, les intérêts de cette somme restent dus au propriétaire du cautionnement.

4° Règles particulières aux cautionnements réalisés en immeubles.

Les immeubles situés dans les divisions territoriales de l'intérieur et de l'Algérie peuvent être admis en cautionnement. Ils doivent être libres de tous privilèges et hypothèques, et d'une valeur excédant d'un tiers le chiffre du cautionnement.

Dans le département de la Seine, l'acte de cautionnement est reçu par le notaire du ministère de la guerre, qui donne aux titulaires ou à leurs cautions tous les renseignements qui leur sont nécessaires.

Dans tous les autres départements, cet acte est reçu par un notaire du choix du titulaire ou de sa caution, sur la présentation d'une copie de la dépêche ministérielle donnant à l'entrepreneur ou fournisseur l'autorisation de constituer en immeubles le cautionnement auquel il est assujetti. L'acte de cautionnement est dressé sur le vu des titres de propriété et de toutes pièces justificatives à l'appui, et la grosse de cet acte est adressée ensuite avec les titres et pièces ci-dessus énoncés au préfet du département où sont situés les biens, pour être soumis à l'examen du conseil de préfecture.

Le préfet requiert, s'il y a lieu, la prise d'inscription hypothécaire au profit de l'Etat; puis il transmet au Ministre de la guerre (bureau intéressé), avec le procès-verbal de la délibération du conseil de préfecture, l'acte de cautionnement appuyé des diverses pièces qui lui ont été produites ainsi que le bordereau de l'inscription prise et un certificat délivré postérieurement à la date de cette inscription, constatant la situation hypothécaire de l'immeuble.

Le cautionnement n'est définitivement constitué qu'après que le Ministre en a prononcé l'acceptation.

5° Changement d'application des cautionnements.

Lorsqu'une fourniture ou entreprise de travaux est terminée et lorque les comptes sont apurés, le cautionnement qui y était affecté, s'il n'a pas été restitué, soit en raison des délais de garantie stipulés au profit de l'Etat, soit pour tout autre motif, peut, sur l'autorisation expresse du Ministre, recevoir une nouvelle application, après toutefois que le délai de six mois accordé par le décret du 12 décembre 1806 aux créanciers éventuels du service, pour faire leurs actes conservatoires, sera expiré ou qu'il sera justifié que dans l'exécution du marché ou de la fourniture il n'y a eu aucune intervention de tiers.

Dans tous les cas, cette réaffectation ne peut être autorisée qu'en faveur des titulaires d'un marché expiré qui se rendront adjudicataires d'un service de même nature dans le même arrondissement.

Cette opération s'effectue :

« Pour les cautionnements en numéraire », sur l'avis direct du Ministre adressé au consignataire et au moyen d'une nouvelle déclaration indiquant la nature, l'étendue et la durée du nouveau service que l'ancien cautionnement est destiné à garantir, et spécifiant que la somme consignée à titre de cautionnement du marché originaire est de plus affectée à celui du nouveau service.

La réaffectation est constatée par une copie de la déclaration ci-dessus mentionnée, certifiée par le consignataire, laquelle doit parvenir immédiatement, par la voie hiérarchique, au Ministre de la guerre (bureau intéressé).

Si le cautionnement appartient à un bailleur de fonds, celui-ci doit intervenir dans la nouvelle déclaration.

Les intérêts ne recommencent à courir que le 61e jour à partir de la date de la réaffectation.

« Pour les cautionnements en rentes », au moyen d'un nouvel acte d'affectation passé avec la Caisse des Dépôts et Consignations ou son préposé.

« Pour les cautionnements en immeubles », par un nouvel acte notarié passé comme il est dit plus haut, après autorisation du Ministre, et dans lequel l'entrepreneur ou sa caution doit déclarer que les immeubles précédemment affectés n'ont pas diminué de valeur, et par une nouvelle inscription hypothécaire au profit de l'État. Cette dernière inscription n'est toutefois recevable qu'autant qu'elle est accompagnée d'un certificat du conservateur des hypothèques constatant qu'il n'a été pris aucune autre inscription postérieurement à celle qui constituait le précédent cautionnement.

De même que, pour le cautionnement primitif, la réaffectation n'est définitive qu'après que le Ministre à prononcé son acceptation.

Dispositions relatives aux cautionnements non libérés ou qui se rattachent à des entreprises ou marchés dont les comptes ne sont pas apurés.

Quand un entrepreneur ou fournisseur est admis à réaliser tout ou partie de son cautionnement, au moyen du changement d'application ultérieur d'une garantie encore engagée, il doit, s'il s'agit de numéraire, produire immédiatement une déclaration sur papier timbré, certifiant qu'il est propriétaire du cautionnement qui garantit le marché en cours d'exécution ou l'entreprise dont les comptes ne sont pas apurés, et par laquelle il s'engage à le réaffecter à son nouveau service dès qu'il en sera requis.

Si la garantie appartient en tout ou en partie à un bailleur de fonds, celui-ci doit consentir au changement d'application par une déclaration dûment légalisée. Ce titre est adressé au Ministre en même temps que l'engagement de réaffectation souscrit par l'entrepreneur.

Lorsque l'ancienne garantie est constituée en rentes sur l'Etat ou valeurs du Trésor, elle peut être affectée immédiatement et par extension au nouveau service au moyen d'un nouvel acte passé avec le directeur général de la Caisse des Dépôts et Consignations ou les préposés de ladite caisse.

Il en est de même des cautionnements en immeubles.

Dans tous les cas, le nouveau cautionnement n'est définitivement constitué qu'après que la mainlevée de l'ancien a pu être donnée.

L'entrepreneur ou fournisseur doit, en outre, faire agréer par qui de droit une caution personnelle qui s'engage à répondre solidairement avec lui d'une somme égale au cautionnement fixé par le nouveau marché, jusqu'à ce que la précédente garantie puisse être affectée au nouveau service, ou jusqu'à ce que l'entrepreneur ait régulièrement constitué un autre cautionnement de même valeur; l'engagement de la caution est transmis au Ministre. Toutefois, si le nouveau cautionnement est supérieur à l'ancien, l'entrepreneur est tenu de verser immédiatement la différence.

Paris, le 31 mai 1895.

Le Ministre de la guerre,

Gal ZURLINDEN.

CAISSE DES DÉPOTS ET CONSIGNATIONS

CAUTIONNEMENTS PROVISOIRES

ACTE

de dépôt de cautionnement provisoire pour soumission de travaux, fournitures ou transports au compte de l'Etat.

Entre les soussignés,

Le Directeur général de la Caisse des Dépôts et Consignations, agissant au nom de ladite Caisse, d'une part,

Et le sieur (nom, prénoms, qualité et demeure du titulaire de l'inscription), d'autre part ;

A été convenu et arrêté ce qui suit ;

M.   à la garantie de la soumission qu'il se propose de faire du marché de   au compte   et dont l'adjudication doit avoir lieu le

Déclare par ces présentes qu'il affecte volontairement à titre de nantissement et de cautionnement   inscription de rente sur l'Etat lui appartenant   p. % de la somme de (en toutes lettres) n°   série   jouissance du   figurant sur le Grand-Livre de la Dette publique (*ou* sur le Grand-Livre du département de   ) dont l   extrait   origin   été remis avec le présent au trésorier-payeur général soussigné (*ou* au receveur particulier soussigné).

En conséquence, M.   dans le cas où il serait déclaré adjudicataire, consent :

Que ce   inscription   réponde   jusqu'à concurrence de la somme de   montant du cautionnement fixé par le cahier des charges,

S'engageant à réaliser le présent cautionnement en cautionnement définitif dans le délai de   à partir de l'adjudication, terme fixé par le cahier des charges, et à souscrire, à cet effet, conformément aux prescriptions de l'article 8 du décret du 18 novembre 1882, une nouvelle déclaration d'affectation de la rente et à donner à la Caisse des Dépôts et Consignations un pouvoir irrévocable à l'effet d'aliéner ladite rente s'il y a lieu.

Fait double entre les parties, à Paris le   mil huit cent quatre-vingt-

Pour le Directeur général :
Le Sous-Directeur,

DÉPARTEMENT

d

NOTA. — Cet acte devra être fait double. Il sera sur papier **libre**. Chaque double devra être signé par le préposé à la Caisse des Dépôts et Consignations et par le titulaire de l'inscription.

CAISSE DES DÉPOTS ET CONSIGNATIONS

CAUTIONNEMENTS DÉFINITIFS

ACTE

de dépôt de cautionnement de travaux, fournitures ou transports au compte de l'État.

Entre les soussignés :

Le Directeur général de la Caisse des Dépôts et Consignations, d'une part,
Et M.   d'autre part ;

A été convenu ce qui suit :

M   a été déclaré adjudicataire
des

et a été assujetti en cette qualité à un cautionnement de
réalisable en rentes sur l'Etat.

Pour ces motifs, M   déclare par ces présentes
qu'   affecte   volontairement à titre de nantissement et de cautionnement en
garantie de l'exécution dudit marché   inscription   de rente   sur l'Etat lui appartenant   p. % de la somme de (en toutes lettres)   n°   série   jouissance
du   figurant sur le Grand-
Livre de la Dette publique, dont l'extrait original a été remis avec le présent.

En conséquence, M   consent

1° Que ce   inscription   réponde   jusqu'à concurrence de la somme de
                                            montant du présent cautionnement, de la bonne et
complète exécution de tous engagements sus-désignés à partir de la date de la signature
de   marché jusque   après la réception des
par   entrepris   et le règlement définitif de tous les
comptes y relatifs ;

2° Qu'elle   soi   grevée   d'opposition de la part de la Caisse des
Dépôs et Consignations pour en arrêter le transport ;

3° Que, dans le cas où par suite soit d'inexécution ou de mauvaise exécution de
engagements, soit d'une infraction quelconque aux clauses et conditions de
marché   serai   reconnu   débiteur et passible de la retenue
de tout ou partie de   cautionnement   à titre de dommages-
intérêts ou pour toute autre cause, toujours à raison de   entreprise   , ce
inscription   soi   vendue   en tout ou en partie, pour le prix à en provenir être
versé en acquit et jusqu'à concurrence de la somme due en principal, intérêts et frais,
entre les mains du caissier général de la Caisse des Dépôts et Consignations ;

Qu'à cet effet, immédiatement après le   règlement   des comptes de
fait d'office administrativement tant en   présence   qu'en   absence,
et sans qu'il soit besoin d'aucun acte judiciaire ce   inscription   soi
vendue   en la forme ordinaire en vertu d'une décision de M. le Ministre des
Finances et que le transfert en soit fait et signé par le Directeur général, et auquel, le
cas échéant, le sieur   donne, en tant que besoin, pouvoir
spécial et irrévocable tant que durera le présent cautionnement.

Ce qui a été accepté par M. le Directeur général.

Fait double entre les parties, à   , le   mil
huit cent quatre-vingt-

Pour le Directeur général :

Le Sous-Directeur,

CAISSES
D'AMORTISSEMENT
ET
DES DÉPOTS
ET
CONSIGNATIONS

MODÈLE N° 3.

MODÈLE DE PROCURATION

Nom, prénoms, qualité et demeure du constituant,

Nom, prénoms, qualité et demeure du mandataire,

Pouvoir de, pour et au nom du constituant, opérer le dépôt à la Caisse des Dépôts et Consignations de toutes inscriptions de rentes sur le Grand-Livre de la Dette publique de France, appartenant audit constituant (ou telle inscription qui sera déterminée), en nantissement et garantie des engagements dudit constituant, ou de telle personne désignée comme (indiquer ici ces engagements), et affecter spécialement ladite inscription au cautionnement dont ledit constituant (ou la personne désignée) est tenu en sa dite qualité ; à cet effet, signer et passer avec la Caisse des Dépôts l'acte d'affectation dans les termes formulés par ladite Caisse, faire toute élection de domicile pour l'exécution dudit acte.

Donnant expressément audit mandataire le pouvoir de conférer au Directeur général de la Caisse des Dépôts le droit de former opposition sur la rente déposée, comme aussi de, pour et au nom du dit constituant, vendre, en cas de débet, mis à sa charge (ou à la charge de la personne désignée), l'inscription par lui affectée à la garantie desdits engagements, pour le prix à provenir de la vente être appliqué à couvrir le débet en principal, intérêts et frais, et généralement faire tout ce qui pourra être nécessaire pour régulariser le cautionnement dont il s'agit ; aux effets ci-dessus, passer tous actes, élire tout domicile, et généralement faire et dire tout ce que les circonstances exigeront, promettant l'agréer, retirer de la Caisse des Dépôts les *bordereaux d'annuel* représentatifs des inscriptions déposées et servant à toucher les arrérages.

Ajouter, si telle est l'intention du constituant :

Lors de la restitution du cautionnement, retirer de la Caisse des Dépôts lesdites inscriptions y affectées, en donner bonne et valable décharge à ladite Caisse, et signer tous reçus à ce nécessaires.

Librairie Militaire E. BELLAMY

Rue Réaumur, N° 115 — PARIS

Instruction ministérielle du **15 Mars 1897**, relative aux travaux du service du génie. 1 volume broché......... 2 50

       1 — relié........................ 3 50

Cahier des clauses et Conditions générales imposées aux entrepreneurs des travaux militaires. (19 Avril 1902)... » 50

Instruction du **24 Juin 1902** sur les adjudications de travaux et constructions militaires.................. » 50

Instruction Ministérielle du **31 Mai 1895**, relative aux cautionnements des soumissionnaires et adjudicataires de fournitures et entreprises pour le compte du Ministère de la guerre......................... » 30

Instruction technique du **26 Avril 1902**, sur l'emploi des peintures à base de blanc de zinc.................. » 25

Règlement du **3 Avril 1869**, sur la comptabilité des dépenses du département de la guerre.

    Texte, tableaux et modèles, 1 volume broché............ 4 75

    — — 1 — relié............: 6 »

    Annexes, 1 volume broché.................... 4 50

    — 1 — relié.................... 5 75

Règlement du **9 Septembre 1888**, sur la comptabilité des matières appartenant au département de la guerre.

    1 volume broché..................... 3 75

    1 volume relié..................... 5 »

Règlement du **3 Mars 1899**, sur le service du casernement.

    1 volume broché..................... 1 50

    1 volume relié..................... 2 25

Instruction sur l'exécution des travaux de réparation et d'entretien du casernement par les corps occupants.

    1 volume broché..................... 1 »

    1 volume relié..................... 1 75

Instruction du **21 Mai 1902**, sur le fonctionnement des colombiers militaires..................... 1 »

Etat du Corps du Génie, 1 volume broché............ 3 »

    — — — 1 volume relié............ 4 »

Série de prix de travaux militaires à exécuter dans les Chefferies de la Direction de Paris.

    1 volume broché..................... 10 »